김병완의 결정책 시리즈 10부작 제나권

결정적 순간의 책읽기

인생의 결정적인 순간에 위기 대처
능력을 향상시켜 주는 책(冊) 읽기

김병완

플랫폼연구소

< 김병완의 결정책 시리즈 10부작 제4권 >

김병완의 결정적 순간의 책(冊) 읽기_4권

경제와 사회에 지쳤을 때 _ 우리를 이끄는 것을 발견하고 싶다면

인생의 결정적인 순간에 위기 대처 능력을 향상시켜 주는 책(冊) 읽기

“ 한 인간의 존재를 결정짓는 것은

그가 읽은 冊과 그가 쓴 글이다. “

– 도스토예프스키 –

프롤로그_ 책은 인생을 밝혀주는 등불이다.

‘책을 잘 읽고 산다는 것은, 경이로운 세상에 눈을 뜨고 매일매일 세상과 나 자신의 잠재력에 대해 새로운 것들을 배우며 정신적으로 한 차원 높은 삶을 살아가는 것이다.’

<전략적 책읽기>의 저자 스티브 레빈의 이 말처럼 책을 잘 읽고 산다는 것은 자신의 한계를 훌쩍 뛰어넘어 한 차원 높은 삶을 살아가는 것이라고 말할 수 있다. 그런 점에서 책읽기는 기적을 창출해 내는 기적 그 자체이다.

책이 아니라면 우리는 과거에 살았던 수많은 현인의 지혜와 통찰력에 대해 알 수 없었을 것이고, 생각의 재료가 되는 지식을 축적하지도 못했을 것이며 생각의 계기가 되어 주는 역사와 이야기를 많이 접하지도 못했을 것이다.

부침이 많은 것이 바로 우리의 인생이다. 이러한 인생을 살아 나가다 보면 때로는 억장이 무너질 만큼 아프고 당황스럽고 어찌해야 할 바 몰라 발만 동동 구르면서도 아무것도 할 수도 없었고, 무엇을 어떻게 해야 하는지도 몰라서 더 힘들었던 시기를 경험하게 된다.

이 책은 바로 이러한 절체절명 위기의 순간 혹은 인생에 찾아오는 결정적인 순간에 꼭 읽어봐야만 하는 책들에 관한 이야기이다. 만약에 그 위기의 순간 혹은 결정적인 순간에 이 책을 읽었었더라면 좀 더 지혜롭고 의연하게 잘 대처해 나갔을 것이고, 그러한 조금의 차이는 긴 인생을 살면서 모이고 쌓여서 인생의 성공과 실패를 결정짓게 되는 중요한 차이가 되어 우리에게 보상해 줄 것이다.

그런 점에서 책을 읽으면서 살아가는 사람들과 책과 동떨어져서 살아가는 사람의 삶은 보이지 않는 큰 간격이 생길 수밖에 없는 것이다.

중요한 사실은 인류가 가진 부의 대부분을 소유하고 운용하고 있는 사람들은 후자가 아니라 전자들이며, 새로운 부를 창출해 내는 사람들도 또한 바로 그들이라는 점은 우리에게 책은 선택이 아니라 인생을 제대로 잘 살아가기 위해서는 꼭 필요한 필수 조건이라는 사실을 잘 보여주는 사례일 것이다.

위대한 발명가, 위대한 정치인, 위대한 대왕, 위대한 혁명가, 위대한 경영자, 위대한 방송인, 위대한 학자와 같은 위대한 인물 중에 책을 읽지 않은 인물들이 과연 있을까?

그렇다고 위대한 인물이 되기 위해서 책을 읽

어야 한다고 말하는 것은 아니다.

이 책의 존재 목적은 버트런드 러셀이 한 말에 토대를 두고 있다.

" 내게 좋은 책을 알려주는 사람이 있었다면, 이렇게 오랜 시간에 걸쳐 시행착오를 하지 않았을 텐데 ...."

바로 이것이다. 당신에게 그것도 결정적 순간에 당신이 오랜 시간에 걸쳐 시행착오를 하지 않을 수 있도록 좋은 책을 알려 주는 것이다. 이것이 바로 이 책의 목적이다. 그렇기 때문에 이 책은 처음부터 끝까지 순서대로 읽어야 하는 그런 책이 아니다. 자신의 인생이 현재 직면하고 있는 상황에 맞추어 필요한 부분을 읽어서 자신이 처한 결정적 순간에 읽었을 때 가장 유익하고 도움이 되는 그런 좋은 책에 대해 알게 해 주는 그런 책이다.

책이 책을 읽는다는 말이 있듯이, 이 책은 또

다른 책을 읽게 만드는 그런 책의 구실을 톡톡하게 해 낼 것이라고 믿는다.

책을 읽는다는 것은 인간만이 누릴 수 있는 특권이며 사치 중 사치라고 할 수 있다. 당신은 이러한 사치와 특권을 누릴 자격이 있다. 과거 중세 시대에는 최고의 특권층만이 책에 접근할 수 있었다는 사실을 생각해 보면, 지금 이 시대에 살고 있는 것만으로도 우리는 행복한 사람임에 틀림없다.

'좋은 책을 읽는 것은 지난 몇 세기에 걸쳐 가장 훌륭한 사람들과 대화하는 것과 같다.' 라고 말한 데카르트는 책의 위력과 유익함을 너무나 잘 알고 있었던 현인 중 한 명이었다. 당신도 이제 지난 몇 세기에 걸쳐 가장 훌륭한 사람들과 더 많은 대화를 나누는 그런 기회를 지금까지보다 더 많이 가져 보기를 바란다.

책은 인류가 힘겹게 오랜 시간 걸어오면서 쌓

아 올린 사색의 결정체이며 인생을 밝혀주는 등불이다. 책은 궁지에 몰린 이에게는 새로운 돌파구를 발견할 수 있게 해 주는 돌파구이며, 어떤 시련과 역경도 헤쳐 나갈 수 있게 해 주는 원동력이다.

책은 비탄에 빠진 사람에게는 위안이 되며, 절망한 사람들에게는 용기가 되며, 방황하는 이들에게는 인생의 나침반이 되어 주며, 세상에 지친 이들에게는 오아시스가 되어 주며, 가난한 이들에게는 부자가 되는 길을 제시해 주고, 실패한 이들에게는 성공할 수 있는 길을 제시해 준다.

이런 이유와 근거를 토대로 필자는 장담할 수 있다.

" 이 세상에서 책을 읽는다는 것은 최고의 특권이며, 사치이며, 축복이다. "

" 한 인간의 존재를 결정짓는 것은

그가 읽은 冊과 그가 쓴 글이다. "

– 도스토예프스키 –

목차

작은 것은 자유롭고 창조적이고 효과적이며, 편하고 즐겁고 아름답다.
< 작은 것이 아름답다 >
_ E. F. 슈마허

자유 사회는 자율적으로 업무와 역할을 수행하는 조직에 좌우된다.
< 피터 드러커의 위대한 통찰 >
_ 피터 드러커

넛지의 시각으로 세상을 보면 모든 것이 달라진다.
< 넛지 >
_ 리처드 탈러 외

삶에 대한 새로운 관점이 필요하다.

< 텅 빈 레인코트 >

_ 찰스 핸디

우리의 미래는 현재에서 비롯된다.

< 마인드 세트 >

_ 존 나이스비트

에필로그 _ 책은 삶의 특권이며 최고의 사치이며 향락이다.

우리는 자신을 이김으로써 자신을 향상시킨다. 자신과의 싸움은 반드시 존재하고, 거기에서 이겨야 한다.

– 에드워드 기번 –

제4장. 경제와 사회에 지쳤을 때 _ 우리를 이끄는 것을 발견하고 싶다면

“ 우리는 흔히 ‘학습사회(Learning Society)’ 시대에 돌입했다는 말을 듣는다. 이것이 사실이길 기대해 보자. 우리는 아직도 인간 동료들만이 아니라 자연과 그리고 무엇보다도 자연을 만들고 우리 인간을 만든 높은 존재(Higher Powers)와 평화롭게 사는 방법을 배워야만 한다. 왜냐하면 틀림없이 인간은 우연의 산물이 아니며, 우리 스스로 만든 것도 물론 아니기 때문이다.” < [작은 것이 아름답다], 31쪽 >

“ 도무지 지식이 없고 업무 처리가 미숙하며 능력과 판단력이 부족하더라도 이런 경영자는 조직에 그리 막대한 피해를 입히지 않을 것이다. 하지만 품성이나 성실성이 부족한 경영자는 (아무리 지식이 풍부하고, 똑똑하고, 유능하다 해도) 조직을 파괴한다. 그는 기업의 가장 소중한 자원인 사람을 파괴한다. 정신을 파괴한다. 그리고 성과를 파괴한다.” < [피터 드러커의 위대한 통찰], 34쪽 >

‘삶이란 우리 인생에 어떤 일이 생기느냐에 따라 결정되는 것이 아니라 우리가 어떤 태도를 취하느냐에 따라 결정된다.’ 존 밀스

작은 것은 자유롭고 창조적이고 효과적이며,
편하고 즐겁고 아름답다.
< 작은 것이 아름답다 >
_ E. F. 슈마허

“ 적어도 우리는 이미 아주 많아진 문제를 철저히 이해하고 새로운 생산 방법과 새로운 소비 생활을 동반하는 새로운 생활양식(Life-style), 즉 영속성을 위해 고안된 생활양식으로 나아갈 가능성을 모색해야 한다. .... 제조업에서는 소규모 기술, 비교적 비폭력적인 기술, ‘인간의 얼굴을 가진 기술’ 을 개발하는데 관심을 집중시켜, 임금을 위해서만 일하고 여가 시간에만 즐거움을 기대 - 대부분 절망적으로 - 하는 것이 아니라, 즐기면서 일할 수 있는 기회를 제공해야 한다. 나아가 제조업은 분명히 근대 생활의 선도자(pace-setter)이므로, 우리는 여기서 경영과 인간의 동반자 관계(partnership)에 대한 새로운 형태나, 더하여 공동소유 형태에 대해 관심을 집중할 수도 있다." < 31쪽 >

우리가 살아가고 있는 경제 구조에 우리들이 지쳤을 때 어떻게 해야 할 까? 더 이상 인간의 삶이 인간적이지 않을 뿐만 아니라 우리 후손들이 살아가야 할 지구의 환경을 무참히 오염시키고, 자연의 불균형 상태를 심하게 조성하고 있는 행동에 불과하다면 우리는 어떤 희망이 있는 것일까?

지금 우리 사회가 추구하는 성장지상주의에 대한 성찰과 반성 그리고 저자 나름대로의 해법에 대한 이야기가 바로 이 책의 주제라고 할 수 있다. 이 책의 저자는 우리에게 해법을 제시해 준다. 그것은 바로 ‘인간의 얼굴을 한 기술’, 인간의 실제 크기에 맞추는 기술이다.

“ 기술 발전에 새로운 방향을 제공할 수 있다고 확신한다. 그 방향은 기술을 인간의 실질적인 욕구에 맞게 재편하는 것이며, 이는 또한 인간의 실제 크기에 맞추는 것이기도 하다. 인간은 작은 존재이므로, 작은 것이 아름답다. 거대주의를 추구하는 것은 자기 파괴로 나아가는 것이다. 그러면 방향 전환 비용은 얼마나 될까? 생존비용을 계산하는 것이 정도를 벗어나는 것이라고 생각할지 모르겠다. 분명히 말해서 가치 있는 일에는 언제나 비용이 수반된다. 기술이 인간을 파괴하는 것 대신에 인간에게 봉사하도록 방향을 전환하려면, 무엇보다도 상상력에 힘입어 두려움을 떨치려고 노력하는 자세가 필요하다.” < 204쪽 >

이 책의 저자는 말한다. 인간은 작은 존재이므로 작은 것이 아름답고 유용하다고 말이다. 또한 간디가 말했듯이 대량 생산이 아니라 오로지

대중에 의한 생산만이 세계의 가난한 사람들을 도와 줄 수 있다는 것이다. 대량 생산 기술은 생태계를 파괴하고 재생될 수 없는 자원을 낭비하며 인성을 망쳐놓고 폭력적이라고 한다. 그래서 이 책의 저자는 인간이 자신의 행복을 위해 스스로 조절하고 통제할 수 있을 정도로 작은 경제 규모를 유지할 때 비로소 쾌적한 자연 환경을 유지할 수 있고, 경쟁과 성장지상주의에서 벗어날 수 있게 된다고 피력하고 있다.

그래서 작은 것이 우리에게 자유를 주고, 우리를 행복하게 하고, 즐겁게 하고, 우리의 삶을 아름답게 해 준다는 것이다.

이 책의 저자는 경제적인 성장과 대량 생산보다는 보다 나은 삶과 자연과 조화로운 삶을 위해 학습하고 배우는 삶의 자세를 가져야 한다고 우리들에게 조언한다.

" 우리는 흔히 '학습사회(Learning Society)' 시대에 돌입했다는 말을 듣는다.

이것이 사실이길 기대해 보자. 우리는 아직도 인간 동료들만이 아니라 자연과 그리고 무엇보다도 자연을 만들고 우리 인간을 만든 높은 존재(Higher Powers)와 평화롭게 사는 방법을 배워야만 한다. 왜냐하면 틀림없이 인간은 우연의 산물이 아니며, 우리 스스로 만든 것도 물론 아니기 때문이다." < 31쪽 >

이 책의 저자가 제시하는 놀라운 통찰력 중에서도 가장 놀라운 것은 인류가 가진 최대의 자원은 물질적인 것이 아니라 바로 교육이라고 주장하는 견해이다. 그 이유는 인간은 지구 구석구석에서 생활하며 후손을 낳고 문화를 창조하며 문명을 일으켜 번성하지만, 또한 대부분 몰락하여 사라지게 된다. 그런데 문명이 번성할 때는 생존 수단을 마련하고 무언가를 비축해 놓는다. 그런데 물질적인 자원만이 부족하여 몰락했다고 말하기에는 매우 난해하기 때문이라고 한다. 물질적인 자원보다 더 중요한 자원이 존재해야 한다는 것이다. 바로 그것이 교육이라는 것이다.

“ 현재의 경험만이 아니라 모든 역사에 비추어 볼 때, 기본적인 자원을 공급하는 것은 자연이 아니라 인간이다. 즉 모든 경제개발의 결정 요인은 인간의 정신에서 나오는 것이다. 대담함, 창의성, 발명, 건설적인 행위는 한 분야가 아니라 수많은 분야에서, 그것도 한꺼번에 갑자기 나타난다. 어느 누구도 이러한 활동들이 처음에 어디에서 시작되는지에 대해서는 말할 수 없지만, 우리는 그것을 지속시키면서 좀 더 강화시키는 방법에 대해서는 알 수 있다. 그것이 바로 다양한 종류의 학교, 즉 교육이다. 그러므로 우리는 교육이야말로 진정한 의미에서 가장 중요한 자원이라고 말할 수 있다.” < 101~102쪽 >

이 책의 저자는 교육의 본질은 가치관, 즉 어떻게 살아야 할 것인가에 대한 관념(ideas)을 전달하는 것이라고 주장한다. 뿐만 아니라 이러한 가치가 우리 자신의 정신을 구성하는 부분이 되지 않는 한, 우리의 인생을 이끌 수 없다고 주장한다. 이는 가치가 공식이나 교리 이상이고, 언제나 우리의 사고와 감정을 따라다니며, 우리가 세상을 바라보고, 해석하고, 체험하는 데 이용하는 수단 자체라는 것을 의미하기 때문이며, 우리는 생각을 할 때 생각만 하는 게 아니라 관념(ideas)과 함께 생각하기 때문이라는 것이다.

이 책의 저자는 생각이란 관념을 전제하거나 이용하는 것이며, 이른바 사고 작용이라는 불리는 것은 보통 주어진 어떤 상황이나 조건, 사실 집합에 기존의 관념을 적용하는 것에 불과하다고 주장한다. 그래서 우리들이 실제로 이 세계를 체험하고 해석하는 방식은 우리가 어떤 관념으로 우리의 정신을 채우고 있느냐에 따라 크게 달라진다는 것이다. 결과적으로 우리의 정신을 채우고 있는 관념이 작고 약하며, 피상적이고 비일관적인 것이라면 생활도 그와 같이 무기력하고 재미없으며, 하찮고 혼란스러운 것으로 여겨지는 것이다.

그는 또한 부국의 사람들이 적어도 마음속으로나마 제삼 세계에 대해 생각하고 이 세계의 빈곤을 덜어주기 위해 노력한다는 것은 신의 축복과 거의 유사한 것이라고 말한다. 착취 관행이 지속되고 있긴 하지만, 부유한 사람들의 관점이 이렇게 변하고 있는 것은 훌륭한 일이라고 이 책의 저자는 밝히고 있다. 결론적으로 이 책의 저자는 빈국에 진정으로 필요한 것은 지금까지 선호했던 것과 다른 종류의 기술, 즉 인간의 얼굴을 한 기술이라고 주장한다.

“ 말할 필요도 없이 부, 교육, 연구 개발, 그리고 기타 수많은 자원들은 모든 문명에 필요한 것이지만, 오늘날 가장 절실하게 요구되는 것은 이러한 수단(자원)들을 이용하는 목적을 바꾸는 일이다. 이는 무엇보다도 물질적인 것에 본래의 정당한 지위, 즉 본질적인 지위가 아니라 부차적인 지위를 부여하는 생활양식을 발전시키는 것을 의미한다.” < 373쪽 >

이 책의 저자는 물질적인 것에 부차원적인 지

위가 부여되어야 한다고 주장한다. 그렇기 때문에 그것을 대량 생산하는 생산의 논리는 생명의 논리도, 사회의 논리도 아니라고 한다. 필요한 만큼이면 충분하며, 이 선을 넘어서면 악이라는 사고가 이 세상에 존재해야 희망이 있을 것이라고 주장한다.

이 사회와 경제 구조에 지쳤다면 이 책은 또 하나의 위안이 되어 줄 것이라고 필자는 생각한다. 이것이 이 책을 추천하는 이유이다.

" 우리의 유일한 한계는 스스로가 마음속에 정해놓은 것뿐이다."

— 나폴레온 힐 —

자유 사회는 자율적으로 업무와 역할을 수행하는 조직에 좌우된다.

< 피터 드러커의 위대한 통찰 >

_ 피터 드러커

" 일찌감치 경영이 조직 사회의 구성요소이자 기능이라는 사실을 깨달았다는 점, 경영이란 비단 기업뿐만 아니라 현대 사회 모든 조직을 통치하는 제도임을 밝혔다는 점, 경영을 독립적인 분야로 확립했다는 점, 사람과 힘, 가치관, 구조, 구성, 그리고 무엇보다 책임, 다시 말해 진정한 인문학으로서의 경영에 초점을 맞췄다는 점이다." < 56쪽 >

1999년 누군가 피터 드러커에게 다음과 같이 질문을 한 적이 있다고 한다. “ 당신이 경영 분야에 남긴 가장 중요한 업적은 무엇이라고 생각하십니까?” 이 질문에 그는 이렇게 답했다.

“ 일찌감치 경영이 조직 사회의 구성요소이자 기능이라는 사실을 깨달았다는 점, 경영이란 비단 기업뿐만 아니라 현대 사회 모든 조직을 통치하는 제도임을 밝혔다는 점, 경영을 독립적인 분야로 확립했다는 점, 사람과 힘, 가치관, 구조, 구성, 그리고 무엇보다 책임, 다시 말해 진정한 인문학으로서의 경영에 초점을 맞췄다는 점이다.” < 56쪽 >

현대 경영학의 창시자인 피터 드러커는 경영이 지식과 지혜처럼 삶의 원리를 끌어낸다는 점에 ‘liberal(자유로운 사고)’이며, 지혜를 적용하고 실천해야 한다는 점에서 ‘art(과학이 아니고 기교)’라고 설명한 바 있다. 또한 모든 사람이 지식근로자이며 인간이기에 지속적으로 발전하고 평생 배워야 한다는 사실에 대해 강조한 바 있다.

우리는 철학가가 아니면서도 수천 년 전의 위대한 철학자와 그의 사상에 대해 배우고 공부를 한다. 그 당시에 평범한 사람들은 전혀 상상도 못 한 일이 아닐 수 없다. 이와 마찬가지로 지금 이 시대에 위대한 경영학자인 피터 드러커에 대해서 훗날 평범한 사람들이 그의 사상에 대해서 배우고 공부하게 될 것이라는 것이 필자의 생각이다.

하지만 그러한 시기는 이미 시작된 것이 아닐까? 라는 생각을 해 본다. 철학이 삶과 동떨어진 그 무엇이 아니라는 의식의 전환과 함께 경영에 대한 의식의 전환도 마찬가지가 될 것이다. 그런 점에서 우리의 사회와 경제에 지쳐버린 우리들이 다시 일어서기 위해서는 이 시대를 관철하는 위대한 경영사상가의 핵심 경영 사상에 대해 공부해야 할 필요성이 있다고 생각한다.

바로 이것이 이 책을 경제와 사회에 지쳐버린 영혼들에게 추천하는 이유인 것이다. 이와 함께 피터 드러커에 대한 사상을 추천하는 또 한 가지 중요한 이유는 비록 그가 '현대 경영의 아버지' 혹은 '비즈니스의 구루guru'로 평가받는 것이 사실임에도 그의 글과 강의의 60퍼센트는 비즈니스가 아니라 사회에 관한 것이라는 점 때문이다.

과거 어느 때보다 우리가 살아가고 있는 사회와 그 사회를 돌아가게 하는 경제 구조는 복잡하고 혼란스럽다. 이럴 때 가장 필요한 것은 위대한 경영 사상가의 철학과 사상이 아닐까? 우리보다 좀 더 통찰력이 있고, 높은 의식과 사고와 폭 넓은 지식을 가진 이의 눈으로 세상을 본다는 것은 매우 중요하고 필수적인 삶의 방식이 아닐 수 없을 것이다.

하지만 경제와 경영에 대해 폭 넓고 깊은 지식과 사유 체계를 구축해 놓지 못 한 평범한 직장인들이 위대한 경영학자를 분석하기에는 힘들고 버거울 수 있다. 그래서 이 책은 최고의 경영사상가들 18인이 그 힘든 작업을 대신 해 주고, 우리는 그 결과를 살펴볼 수 있게 도와주는 책인 것이다.

'올바른 경영이란 인문학liberal art과 같다' 는 피터 드러커의 개념을 구체적으로 다루는 것으로 이 책은 시작된다. 위대한 경영자인 그의 사상에 깔린 인문학적 개념은 우리의 상상을 초월한다는 사실 때문에 충격을 받지만, 또한 한 편으로는 그것이 위안이 되고 희망이 된다.

피터 드러커는 품성이나 성실성이 결여된 경영자가 능력이나 판단력이 부족한 경영자보다 조직에 더 큰 해를 끼치게 된다고 주장한다. 이것이 바로 그가 주장하는 인문학으로서의 경영의 토대가 되는 사상이라고 말할 수 있을 것이다.

" 도무지 지식이 없고 업무 처리가 미숙하며 능력과 판단력이 부족하더라도 이런 경영자는 조직에 그리 막대한 피해를 입히지 않을 것이다. 하지만 품성이나 성실성이 부족한 경영자는 (아무리 지식이 풍부하고, 똑똑하고, 유능하다 해도) 조직을 파괴한다. 그는 기업의 가장 소중한 자원인 사람을 파괴한다. 정신을 파괴한다. 그리고 성과를 파괴한다." < 34쪽 >

이처럼 피터 드러커는 철저하게 사람 중심이다. 그래서 기업의 최고의 자원은 바로 사람이라고 여길 정도이다. 뿐만 아니라 그는 50여 년 전에 자신의 명저인 [경영의 실제]라는 책에서 기업의 존재 목적에 대해서 밝힌 적이 있는데 그것도 또한 사람이었다는 점이다.

" 기업의 목적은 외부에 있어야 한다. 사실 기업은 사회의 한 기관이므로 기업의 목적은 사회에 있어야 한다. 기업의 목적을 효과적으로 설명한 정의는 한 가지 뿐이다. 고객을 창출하는 일, 고객은 기업의 토대이며 기업을 존속하게 만드는 요인이다." < 121쪽 >

이러한 철학은 우리 개인들에게도 그대로 적용된다고 생각한다. 우리가 살아가는 목적은 어디에 있을까? 그것은 바로 사람에게 있다. 그리고 그것은 바로 타인이다. 우리가 살아감으로써 우리는 타인에게 선을 베풀고, 친절을 베풀고, 나아가서 가치 있는 무엇인가를 만들어 그들의 삶을 좀 더 윤택하게, 풍요롭게 해 줌으로써 비로소 삶의 가치와 존재 목적이 분명해지는 것이다.

가령 예술가는 예술 작품을 통해, 음악가는 좋은 음악을 만듦으로써, 엔지니어는 좋은 기계를 만듦으로써, 작가는 좋은 글을 씀으로써, 상인은 좋은 물건을 좋은 가격으로 제공함으로써, 개그맨은 웃음을 선사함으로써 존재 목적이 분명해지는 것이다.

우리가 경제와 사회에 지쳤다면, 우리가 이 세상에 무엇인가 가치 있는 것을 만들어 제공하지 않았기 때문이라는 생각을 해 볼 수 있다. 스티브 잡스는 세상을 놀라게 할 만큼의 아이폰을 만들었고, 에디슨은 세상을 바꿀만한 위대한 발명품들을 만들었고, 박지성과 김연아는 한국인들에게 용기와 희망을 줄 만큼 세상을 향한 도전과 성취를 보여 주었다. 이들은 경제와 사회에 지치지 않는다. 지치기 전에 먼저 세상에 큰 가치 있는 일을 하였기 때문이다.

그런 점에서 우리는 사회와 동떨어져서 살아갈 수 없는 존재들이다. 피터 드러커는 인간의 욕구 충족을 가장 뛰어나게 할 수 있는 분야가 사회라고 말한 적이 있다.

" 우리가 인간의 욕구 충족 면에서 가장 위대한 혁신과 결과를 얻을 수 있는 곳은 사회 분야이다. 그리고 사회 분야가 거둘 결과는 21세기가 얼마나 발전하고 역량을 발휘하며 성과를 거두는지에 따라 달라진다." < 168쪽 >

피터 드러커의 놀라운 통찰력을 살필 수 있는 대목은 그의 오랜 연구 속에 이미 '자기 관리 ' 라는 개념이 등장하였다는 사실이다. 지식 근로자란 개념을 명확하게 밝히기도 한 그는 자신의 저서인 [21세기 지식 경영]이란 책에서 이렇게 말한 적이 있다.

“ 자신을 관리해야 할 직장인이 더욱 증가할 것이다. 주로 지식근로자일 것이다.”

직장인들 사이에 자기 계발 열풍이 분 적이 있었다. 피터 드러커는 오십년 전에 이것을 정확히 예측했다. 그리고 이것은 열풍의 수준으로 끝이 나는 것이 아니었다. 꾸준히 자기 관리는 이제 직장인들뿐만 아니라 모든 사람의 평생 과제가 되었다.

역사상 가장 영향력 있는 경영사상가인 그는 무엇보다도 경영의 인간적인 측면과 함께 개인이 담당해야 하는 포괄적인 사회적 역할에 큰 관심과 연구를 집중했던 인물이었다. 우리가 경제와 사회에 대해 고민할 때 그에 대해서 공부해야 하는 이유가 또한 바로 이것이다. 우리가 어떤 분야에서 어떤 일을 하는 사람이든 그와 그의 사상에 대해 배워야 하는 것은 현대 사회와 경영의 관계를 그가 한 것처럼 깊고 넓게 통찰한 사람은 드물기 때문이다.

“ 성공은 날마다 반복되는 작은 노력의 합이다.”

– 로버트 클리어 –

넛지의 시각으로 세상을 보면 모든 것이 달라진다.

< 넛지 >

_ 리처드 탈러 외

“ 많은 연구 결과가 인간의 예측이 불완전하고 편향되어 있다는 사실을 보여준다. 인간의 결정이나 판단도 마찬가지다. 또 다른 예로 ‘현상 유지 편향(status quo bias)’을 생각해보자. 이는 타성의 또 다른 이름이다. 앞으로 살펴보겠지만 사람들은 수많은 이유로 인해 현상을 유지하거나 디폴트 옵션(default option:지정하지 않으면 자동으로 선택되는 옵션, 즉 기본값)

을 따르려는 강한 성향을 갖는다.” < 24쪽 >

우리가 살면서 하루하루 생동감 있게 활기차게 살아가지 못하는 이유는 무엇일까? 우리가 자꾸 사회와 사람들에게 지치게 되는 이유가 무엇일까?

아마도 그것은 필자가 생각하기에 하루를 살더라도 자신의 인생을 살아가지 않기 때문일 것이다. 자신의 인생을 자신의 생각대로 주도적으로 살아갈 수 있다면 우리는 지금보다는 훨씬 더 적게 지칠 것이다. 그렇다면 우리는 왜 자신의 생각대로 주도적으로 살아가는 것이 그렇게도 힘들고 어려운 것일까?

그것은 우리도 모르게 우리의 선택과 생각이 우리가 아닌 외부의 것들에 의해서 매우 크게 영향을 받고 심지어 지배당하고 있기 때문이 아닐까? 생각해 보자. 우리 모두는 지금까지 누군가가 이미 만들어 놓은 무엇인가에 의해 우리의 선택이나 생각을 지배당하거나 최소한 영향을 받으면서 살아가고 있는 것이 사실이라면, 그리고 그것을 이제야 깨닫게 되었다면 우리의 심정과 느낌이 과연 어떻게 될까?

놀랍게도 이러한 사실에 대해 귀띔을 해 주는 책이 있다. 바로 이 책이다. 그래서 이 책은 매우 충격적인 내용이면서도 놀라운 내용의 책이다.

사실 우리는 살아가면서 누군가의 노골적인 연설이나 외침을 통해 우리의 생각을 바꾸고 우리의 선택을 바꾸면서 살아간다. 그런데 더 놀라운 사실은 누군가가 설계 해 놓은 무언의 외침, 무언의 디자인을 통해서도 우리는 우리의 생각이나 선택, 행동을 바꾸면서 살아간다는 사실이다.

이러한 내용을 담은 책인 이 책을 보면 재미있는 이야기들이 많이 소개된다. 암스테르담 공항 화장실에 가 보면 소변기에 파리 모양 스티커가 붙여져 있다. 이 스티커를 공항 당국은 왜 부착

했을까? 그저 사용자들에게 펀(fun)을 제공하기 위해서 일까? 아니면 우리가 미처 깨닫지 못한 주최 측의 깊은 의도가 있는 것일까?

놀랍게도 단지 소변기에 파리 모양 스티커를 붙이는 단순한 조치를 통해 소변기 밖으로 새어 나가는 소변량을 80%나 줄일 수 있다. 이것이 넛지, 즉 선택을 이끄는 부드러운 힘인 것이다. '넛지(nudge)' 란 '팔꿈치로 슬쩍 찌르다 ' 혹은 ' 주의를 환기시키다 '라는 의미를 가지고 있는 단어이다. 하지만 여기에서는 선택을 유도하고, 이끄는 부드러운 그러나 드러나지 않은 개입을 의미한다.

이렇게 우리로 하여금 어떤 행동을 취할 것인지를 선택하는 데 영향을 주고 우리의 선택을 조종하고 이끄는 장치들인 넛지는 우리의 생각보다 훨씬 더 많이 우리의 삶에 존재한다. 대표적인 것이 도로의 선들이다. 물론 도로에는 속도 제한 표시나 감속 표시들이 있다. 하지만 그것으로는 부족하다.

우리로 하여금 의식적으로 속도를 확실하게 줄이게 해 주는 것은 도루 위에 그려진 선들이다. 위험한 커브 구간이 시작되기 직전에 선들의 간격을 좁게 그려 놓으면 운전자들은 속도가 증가하는 느낌을 받을 수 있게 되고, 그로 인해 속도를 늦추게 되는 행동을 선택하게 된다. 즉 도로의 선들을 통해 우리는 넛지를 당하고 있는 셈이다.

이러한 상황은 식당에 갔을 때 놓여있는 반찬의 순서, 심지어 서점에 갔을 때 가장 잘 보이는 곳에 놓인 책들의 위치와 배열순서도 다르지 않다. 이 모든 것들이 넛지인 것이다.

넓은 의미에서 여성들이 예쁘게 화장을 하는 것도 넛지라고 할 수 있다. 예쁘고 섹시하고 스타일이 좋으면 아무래도 남성들이 말을 걸거나 한 번 정도 더 쳐다 봐 주기 때문이다.

우리는 또 휴대폰이나 자동차의 구매 의사

를 묻는 것만으로도 구매율을 35% 나 향상 시킬 수 있다. 투표를 할 것인지, 아닌지를 물었을 경우, 투표율을 무려 25%나 끌어올릴 수 있다. 사람들에게 의향을 물음으로써 넛지를 가하는 경우를 심리학 용어로 '경로 요인(Channel factor)이라고 말할 수 있다. 경로 요인이란 특정한 행동들을 촉진하거나 방해할 수 있는 작은 영향력들을 의미한다.

넛지는 선택 설계자(choice architect)rk 사람들에게 어떤 행동을 금지하거나 그들의 행동을 변화시키는 모든 장치와 행위를 말한다. 이 책의 주된 내용들은 인간이 선택을 할 때 그다지 합리적이다거나 똑똑한 존재라는 사실을 정면으로 부정하고 선택적인 오류를 쉽게 범하는 그런 존재들이란 것들을 나타내는 수많은 예시로 구성되어 있다.

그렇기 때문에 이 책을 읽다가 보면 인간이 얼마나 줏대가 없는 인간인지를 알게 된다. 그리고 우리가 무심코 선택하는 것들이 생각보다 많다는 것을 통해 우리가 생각 없이 그저 사는 대로 생각하는 그런 존재에 속하고 있다는 사실도 깨닫게 된다. 여기서 좀 더 나가면 바로 이런 이유로 우리는 우리의 인생을 오롯이 주도적으로 살지 못하게 된다.

가령 누군가가 '저런 직업은 너무 멋있어. 저런 직업은 돈도 잘 벌고, 인기도 있고, 안정적이고 너무 좋겠어' 라는 말을 하게 되면, 최소한 그 직업에 대해 우리의 적성과는 상관없이 자신의 직업으로 고려해 본다. 결국 우리는 타인의 행동과 말에 영향을 받고, 타인이 만들어 놓은 사회 제도와 법도, 규칙, 디자인, 기준, 시선, 잣대 등에 영향을 받는다. 이 모든 것이 넛지가 되는 것이다.

그렇기 때문에 이 세상은 타인의 시선에 연연하고, 규칙을 준수하는 사람들에 의해서가 아니라 괴짜라고 불리는 사람들에 의해 혁신을 하게 된다. 최소한 괴짜라고 불리는 사람들은 타인의 시선이나 타인이 만들어 놓은 넛지에서 조금은 더 벗어날 수 있었던 사람들이기 때문일 것이다.

우리가 넛지의 시각으로 이 세상을 볼 수 있다면, 조금은 더 현명한 선택을 할 수 있게 될 것이다. 그리고 그 차이는 우리의 인생과 미래를 바꾸어 놓기에 충분하다. 바로 이것이 이 책을 읽도록 권장하는 이유인 것이다.

학생들로 하여금 급식 메뉴에 변화를 주지 않으면서도 어떤 음식에 대해 더 많은 선택을 하게 할 수 있는 방법도 역시 넛지이다. 단지 음식의 진열이나 배열만 바꾸는 것으로 특정 음식의 소비량을 무려 25%씩이나 올리거나 내릴 수 있었다고 이 책의 저자는 소개한다.

그리고 이것은 우리가 어떤 상황이나 정황, 맥락의 사소한 변화에 의해서 우리도 모르게 어떤 것을 더 많이 선택하게 되거나, 더 적게 선택하게 될 수도 있음을 의미하는 것이다. 즉 우리의 선택을 결정하는 것은 보이지 않는 넛지의 힘인 것이다.

넛지의 힘은 우리의 삶 곳곳에 숨어 있다. 심지어 우리가 휴대폰을 구입했을 때도, 넛지의 힘은 숨어 있다. 우리는 휴대폰을 처음 구입하게 되면, 액정의 배경화면, 벨소리, 음성 메시지 알림음 등 무수히 많은 설정 절차를 디폴트 옵션으로 대체해 버린다. 대부분의 사람들은 디폴트 옵션이 자신의 취향과는 상관없다 해도 일단 사용하게 된다.

이것을 '현상 유지 편향(status quo bias)'이라고 말한다. 이렇게 현상을 유지하려는 힘, 즉 누군가가 이미 정해놓은 디폴트값을 그대로 사용하고자 하는 힘은 타성의 또 다른 모습이다. 그렇기 때문에 우리는 타성의 힘을 과소평가해서는 안 된다는 교훈을 얻어야 하고, 이러한 역학을 우리는 이용할 수 있다는 것도 명심해야 할 것이다.

카드 회사나 병원의 의사들은 프레이밍 효과라

는 넛지를 사용한다. 현금 가격을 정상가로 정하고, 신용카드 가격을 할증 가격이라고 하는 것과 현금 가격을 할인 가격이라고 하고, 신용카드 가격을 정상가라고 하도록 한 것이다. 의사들의 경우에도 10명 중 1명이 죽는다고 하지 않고, 10명 중 9명이 산다고 할 때 수술을 권할 가능성이 더 높다.

프레이밍 효과(framing effect)란 인간의 의사결정이 문제를 제시하는 방법, 어떻게 말하느냐에 따라, 즉 제시하는 틀(프레임)에 따라 크게 달라질 수 있다는 것을 말한다. 넛지는 우리가 어떤 행동과 선택을 하느냐에 따라 결과도 크게 달라질 수 있다는 사실을 말해준다.

가령 살을 빼고 싶다면, 될 수 있으면 작은 그릇으로 먹으면 효과가 있다. 그리고 냉장고나 부엌에 날씬한 아가씨 사진을 붙여 놓아도 효과가 있다. 심지어 우리가 친구를 만날 때도 뚱뚱한 친구들을 많이 만나면 우리도 뚱뚱해진다. 반대의 경우도 물론 성립한다.

이 모든 것이 넛지의 세계인 것이다. 이러한 상황에서 우리가 경제나 사회 시스템에 지쳤다는 것은 너무나 당연한 결과인지도 모른다. 특히 자기 자신이 무엇을 하고 있는지 깨닫지 못 할 때는 더욱 그렇다고 할 수 있다. 이제 우리는 조금 더 현명해 져야 한다. 최소한 자신이 넛지를 당하고 있다는 것만이라도 인식할 수 있다면 조금은 덜 휘둘리며 살아갈 수 있게 될 것이다. 그리고 그렇게 될 때 우리는 조금은 덜 지칠 수 있을 것이다.

“ 당신이 가진 축복들을 헤아려 보라. 그리고 그것들을 가지지 못했을 때 당신이 얼마나 갈망했는가를 생각하면서 감사히 여겨라.”

– 아우렐리우스 –

삶에 대한 새로운 관점이 필요하다.

< 텅 빈 레인코트 >

_ 찰스 핸디

“ 선진국이라는 우리 사회에서 일어나는 변화는 나의 예상보다 훨씬 더 근본적이고 혼란스럽고 고통스럽다. 이 책에서 집중적으로 다루려는 주제가 바로 지금 우리가 느끼는 그 ‘혼란’이다, 발전에는 혼란이 따르기 마련이라고 믿으며 효율성과 경제 성장만을 좇는 사람들의 행태는 혼란의 무게에 한몫을 한다. 이런 목표를 지향하다 보면 모든 것의 기준인 주체가 바로 우리 개인이라는 사실을 망각한다. 그 결과 우리는 스스로가 아닌 다른 무언가에 자신을 맞추느라 혼란스러워한다. 효율성에만 몰두한 나머지 효율이 목적이 위한 수단이 아니라 그 자체가 목적인 양 착각하는 것이다.” < 서문에서 >

이 책의 저자는 미국 미네소타 주의 미니애폴리스 야외 조각정원에서 본 잊히지 않는 작품을 본 경험을 이야기한다. 그 작품은 텅 빈 레인코트를 형상화한 작품이었다. 그런데 그 작품에서 소개한 텅 빈 레인코트가 바로 지금 현재 우리를 억누르고 있는 가장 절박한 역설의 상징처럼 보인다고 그는 언급한다. 삶이 어디로 흘러가는지도 모른 채 돌진하는 누군가의 거대한 기계를 돌리는 소소한 톱니바퀴로 머물 수는 없다고 말한다. 삶은 그 이상의 가치와 의미가 있어야 한다고 그는 주장한다. 그러면서 그는 현재의 상황에 대해 다음과 같은 멋진 문장으로 표현한다.

“ 현재의 상황은 그 자체로 모순인 것들로 넘쳐난다. 선의로 시작한 많은 일들이 의도하지 않은 결과로 이어지고, 너무 많은 성공 법칙들이 씁쓸한 뒤끝을 남긴다. 역설이라는 단어는 빈번하게 쓰여 이 시대의 상투어가 되다시피 했다. 언론인을 비롯해 글을 다루는 사람들의 입에서는 역설이라는 단어가 거듭 튀어나온다. 정부와 기업은 물론, 개인에게 닥친 딜레마의 심각성을 대신하는 표현일 것이다. 알면 알수록 혼란이 가중되고, 기술력을 키울수록 점점 무력해진다는 생각이다. 엄청난 규모와 조직의 군사력을 갖추었지만 세계 각지에서 자행되는 잔혹한 살상을 무기력하게 바라만 보고 있다. 먹고 남을 만큼의 농작물을 재배하는데도 어찌된 일인지 굶주리는 사람들은 늘어만 간다. 거대한 은하계의 신비는 풀어내면서도 정작 가까이에 있는 내 가족의 문제는 해결하지 못한다. 하지만 이런 상황을 역설이라 부르는 것은 어디까지나 명명 행위일 뿐, 적극적으로 대처하는 자세는 아니다. 이런 역설을 이해하고 활용해 더 나은 미래를 만들 방법을 찾아야 한다." < 7쪽 >

필자는 이러한 모순 덩어리인 경제와 사회 시스

템에 대해 누구보다 잘 알고 있다. 오래 전에 이탈리아에 출장을 갔을 때, 그곳의 현지 법인장은 자신의 경험담을 솔직하게 나에게 이야기 한 적이 있었다.

새벽 2시에도 일이 생기면 자다가도 회사로 출근해야 하고, 보통 퇴근 시간이 밤 12시 전후라는 것이다. 주말에도 출근하는 것이 당연한 것이 되어 버렸고, 가정보다 회사 일을 100배 정도 더 소중하게 생각한다는 것이다. 이러한 실상을 바로 옆에서 처음부터 끝까지 지켜보고 있던 법인장의 아내는 한 마디로 말했다고 한다.

" 회사도 미쳤고, 당신도 미쳤고, 세상도 미쳤다 "

정상이 아닌 사회, 정상이 아니어야 승리하고 성공하고 번성할 수 있는 사회가 바로 우리가 살고 있는 사회인 것이다. 사회뿐만 아니라 우리의 삶도 결코 완전할 수 없으며 온전히 예측할 수도 없다.

이러한 삶의 불확실성과 격랑에 대처해야 한다. 그렇게 하기 위해서는 직면한 난관과 문제가 무엇인지 본질을 통찰해야 한다. 그래야만 현재 우리를 짓누르고 있는 무력감에서 벗어날 수 있기 때문이다. 무엇보다 그러한 통찰을 토대로 하여 삶과 목표, 책임에 대한 새로운 관점을 확립해야 한다.

" 선진국이라는 우리 사회에서 일어나는 변화는 나의 예상보다 훨씬 더 근본적이고 혼란스럽고 고통스럽다. 이 책에서 집중적으로 다루려는 주제가 바로 지금 우리가 느끼는 그 '혼란' 이다, 발전에는 혼란이 따르기 마련이라고 믿으며 효율성과 경제 성장만을 좇는 사람들의 행태는 혼란의 무게에 한 몫을 한다. 이런 목표를 지향하다 보면 모든 것의 기준인 주체가 바로 우리 개인이라는 사실을 망각한다. 그 결과 우리는 스스로가 아닌 다른 무언가에 자신을 맞추느라 혼란스러워한다. 효율성에만 몰두한 나머지 효율이 목적이 위한 수단이 아니라 그 자체가 목적인 양 착각하는 것이다." < 서문에

서 >

이 책의 저자는 우리가 직면한 난관과 문제의 본질을 한 마디로 혼란과 모순이라고 말한다. 그렇다면 해결책은 또한 단순하다. 바로 균형을 잡는 것이다. 그리고 조화를 이루는 것이다. 이 책의 저자는 의무와 가능성 사이에서 균형을 찾아내는 비결은 핵심적인 일과 주변부 사이의 균형을 이루는 것이며, 이것은 사회나 조직의 구성원이자 도구이면서도 동시에 자유로운 개인이 되는 비결이라고 말한다.

그가 해법으로 제시하는 균형을 발견하고 찾기 위해 필요한 것이 바로 자신과 세계에 대한 폭넓은 시각, 모순과 혼란으로 점철된 역설에 대처하는 유연한 자세, 역설을 관리해 나갈 수 있는 새로운 관점과 실천인 것이다.

이 책의 저자가 제시하는 구체적인 해법의 원리는 우리의 인생을 마치 요약이라도 해서 보여주는 시그모이드 곡선 속에 담겨 있다. 우리는 모두 초기에는 호기심에 이끌려 모험도 하고 실수도 하면서 시행착오를 거치지만 그 수에는 절정에 이르게 된다. 하지만 이내 곧 우리는 다시 하강하게 된다. 결국 우리의 라이프 사이클에 해당하는 S 자 곡선과 같은 삶에서 지속적으로 발전할 수 있기 위해서는 절정에 이르기 직전에 시간과 에너지, 자원 등을 활용하여 미래를 설계하고 역설을 관통하는 방법을 찾아내어 두 번째 상승 곡선을 그려 나갈 수 있어야 한다고 말한다.

이 책의 주된 내용은 우리가 두 번째 상승 곡선을 시작할 수 있도록 새로운 관점과 아이디어에 대한 내용들이라고 할 수 있다.

그리고 이 책의 저자가 제시하는 두 번째 구체적인 해법의 원리는 도넛이다. 경쟁과 효율 중심의 자본주의 구조가 낳은 모순과 혼란의 역설을 이해하고 텅 빈 레인코트에 몸과 머리와 팔다리를 채워 넣을 수 있도록 균형을 찾고, 비로소 자신이 존재할 수 있도록 해 주는 도넛 원리는 한 마디로 가정과 일 사이의 균형, 의무와 융

통성 사이의 균형, 핵심과 주변부 사이의 균형이 우리 삶과 직장 생활에 왜 꼭 필요한 것인지에 대해 깨닫게 해 준다.

한쪽에만 집중하고 치우칠 경우 우리의 삶은 피폐해질 수밖에 없다. 특히 자본주의가 되면서 수많은 조직들은 점점 도넛 조직이 되어 가고 있다고 저자는 경고한다. 우리가 생존하고 번성하고 성공하기 위해서, 경쟁에서 살아남기 위해서 우리가 어쩔 수 없이 집중하게 되는 핵심은 '진짜 우리'를 이루는 것은 자본주의가 말하고 있는 핵심이 아니라 주변부의 삶이라는 사실을 이 책의 저자는 우리에게 일깨워 준다.

이 책을 통해 우리가 얻어야 할 통찰력은 우리가 그토록 맹신했던 성공의 비법들이 모두 기형적인 도넛을 만들고, 우리의 인생이 텅 빈 레이코트처럼 속이 없는 텅 빈 것으로 만들어 줄 수 있는 핵심에 집중된다는 사실이다. 우리에게 필요한 것은 주변부이고, 여백이고, 융통성이고, 가정이라는 것이다.

최고의 선택은 균형 잡힌 삶을 살아가야 한다는 것이다. 하루가 24시간이면 성공과 부와 출세를 위해 하루 중에 반이나 2/3를 투자했다면 나머지는 여백과 주변부를 위해 투자하라는 것이 이 책의 저자가 제시하는 삶의 지혜인 것이다.

“ 우리의 유일한 한계는 스스로가 마음속에 정해놓은 것뿐이다.”

– 나폴레온 힐 –

우리의 미래는 현재에서 비롯된다.

< 마인드 세트 >

_ 존 나이스비트

“ 마인드 세트는 빗방울(정보)을 받아들이는 대지이며, 우리가 어떠한 마인드 세트를 지니고 있느냐에 따라 서로 다른 식물들이 자라나 다른 결론으로 이어지게 된다. ‘정보를 받아들이는 방식’ 그것이 바로 핵심 열쇠인 것이다. .... 마인드 세트는 우리 머릿속에 고정되어 있는 별과도 같다. 우리는 그 별을 기준으로 삼아 정보의 바다 위를 항해한다. 그것은 우리의 길잡이가 되어, 항로를 알려 주고 목적지까지 안전하게 안내해 준다.” < 22 ~ 23쪽 >

이 시대 가장 영향력 있는 석학이며 미래학자인 이 책의 저자는 세상과 미래를 분석하고 예측하는 힘은 우리의 관점에 달려 있으며, 우리의 관점을 지배하는 것은 우리의 마음, 즉 마인드 세트라고 주장했다.

이 책은 바로 우리의 관점을 지배하는 우리의 마인드 세트에 대한 이야기이며, 동시에 마인드 세트를 미래를 만들어 가는 방법에 대한 이야기라고 할 수 있다. 이 책은 <어린 왕자>에 나오는 코끼리를 삼킨 보아뱀의 그림을 통해 우리의 마음이 우리의 눈을 지배한다는 사실을 우리들에게 일깨워 준다.

이 책에 나온 표현 중에 하나처럼 망치를 손에 쥔 어린 소년에게는 이 세상의 모든 것이 못으로 보이게 되고, 그에 따른 행동이 유발된다. 망치를 손에 쥐는 순간 그 소년의 마인드 세크가 급격하게 변화되기 때문에, 그 후의 세상은 그 소년에게는 전혀 다른 세상이 되는 것이다. 이처럼 우리 역서도 우리의 마인드세트가 어떤 것이냐에 따라 우리는 우리가 살아가고 있는 이 세상을 과거와는, 혹은 타인과는 전혀 다른 색깔로 색칠하며 만들어 내면서 살아가고 있는 것이다.

그런 점에서 우리가 살아가야 할 미래와 세상은 결국 현재에서 비롯된다고 할 수 있으며, 무엇보다 우리의 마음에서 시작된다고 할 수 있다. 우리의 사고방식이 무엇보다도 중요하다는 사실을 알기에 이 책의 저자는 우리들의 사고방식을 재정립해 줄 수 있는 기반을 마련해 주었다. 그것이 바로 이 책의 내용이다.

셀 수 없을 만큼 많은 사람들과 많은 책들과 많은 신문과 잡지와 매스컴에서 지금은 변화의 시대라고 주장한다. 하지만 이 책의 저자는 정작 변한 것은 별로 없다고 말한다. 이 부분에서 필자는 충격을 받았다.

서점이나 도서관에서 접할 수 있는 대부분의 책들이 하나 같이 말하고 있는 사실은 '너무나 많은 것들이 너무나 빨리 변하고 있기 때문에 당신도 변해야만 생존 할 수 있다' 라는 사실이다. 하지만 이 책은 우리에게 말한다. 그것도 처음부터 '아무리 많은 것들이 변하다 해도 대부분은 변하지 않는다.' 고 말이다 이러한 통찰력은 필자의 수준을 압도했다. 대단하다. 감탄할 수밖에 없다.

" 변화는 대부분 '무엇' 을 하는가가 아니라 '어떻게 하는가.' 의 영역에서 발생한다. 떠들썩하고 과장된 세상 속에서 변하는 것과 변하지 않는 것 사이의 차이를 잘 구분할수록, 우리는 새로운 시장에 보다 효과적으로 대처하고 그 속에서 더 큰 이익을 얻을 수 있다. 스포츠가 아주 좋은 예이다. 팀 스포츠의 규칙은 거의 변함이 없다. 오랜 세월 동안 아주 작은 변화만 있었는데, 그나마도 선수들의 경기 방식에 국한된다. " < 31 ~ 32 쪽 >

그는 말한다. '비즈니스에서 확실한 것은 변화뿐이다' 라는 말은 진실이 아니라는 것을 말이다. 우리에게 세상사에 대하여 본질을 꿰뚫어 볼 수 있는 마인드 세트와 통찰력이 필요한 것은 미래의 방향을 찾기 위해서이다. 정보의 홍수 시대에 본질적인 변화와 외견상의 변화, 근본적인 전환과 일시적 유행의 차이, 메가트렌드와 일시적 유행의 간격을 구분할 수 있는 것은 미래를 올바르게 예측하고 살아나갈 수 있는 가장 큰 힘이 될 것이라고 이 책의 저자는 우리에게 조언해 준다.

그가 제시하는 11개의 마인드세트는 미래를 이해하는 첫 번째 단계인 현재를 이해하는 이정표가 되어 준다. 그가 제시해 주는 이정표 중에 큰 용기를 심어주는 것은 '우리가 언제나 옳을 필요는 없다' 는 것이다. 여기에 필자는 한 가지를 더 추가 하고 싶다. '우리는 언제나 성공해야 할 필요도, 승리해야 할 필요도 없다.' 는 것이다.

언제나 우리가 옳아야 하고, 승리해야 하고, 성공해야 한다고 생각한다면, 우리들은 스스로 승리와 정의와 성공에 집착하게 되고, 스스로를 장벽 안에 갇히게 하는 것과 다름없기 때문이다. 하지만 우리가 '언제나 옳을 필요도 없고, 성공해야 할 필요도 없고, 승리해야 할 필요도 없다' 는 마인드 세트의 힘과 자유를 깨닫게 되면 우리는 그 때부터 무엇이든 과감하게 시도해볼 수 있고, 어디든 갈 수 있는 드넓은 초원을 내달리는 듯한 기분을 만끽하게 될 것이다.

조지 버나드 쇼의 표현을 빌리자면, 이 세상의 모든 진보는 세상에 자신을 적응시킨 합리적인 사람들에 의해서가 아니라 세상을 자신에게 적응시킨 비합리적인 사람들에 의해 이루어졌듯이, 미래를 창조하는 사람들은 자신이 언제나 세상의 기준에서 옳아야만 한다고 생각하지 않는 다. 그래서 도전정신이 강하게 되는 것이고, 그러한 도전 정신이 강할 때 기회를 더 많이 발견하고 만들 수 있게 되는 것이다. 결국 우리의 마인드세트가 우리로 하여금 도전할 것인지, 포기할 것인지를 결정짓는 것이다.

이 세상의 큰 흐름 중 하나는 커뮤니케이션의 수단이 문자에서 시각적 언어로 흘러가고 있다는 것이라고 한다. 이것이 우리에게 시사해 주는 한 가지 사실은 새로운 미래 사회에서 우리는 모두 시각 중심적 세계에서 살아가야 한다는 사실이다. 이것이 의미하는 것은 또한 시각 문화가 이 세상을 이끌어 가게 될 것이라는 사실이다.

" 문명의 역사는 곧 커뮤니케이션의 역사다. 따라서 커뮤니케이션 수단이 문자에서 시각 언어로 옮겨 간다면 우리는 원활한 상호작용을 위해 새로운 언어를 배워야 한다. 시각 언어가 지배하는 세상에서 경쟁력은 기술 및 예술 교육에서 나올 것이다. 과학 기술이 이끄는 지성과 시인의 감성 말이다. 우리에게는 컴퓨터와 시인 둘 다 필요하다." < 186쪽 >

이 책의 저자는 문명이 시각이 지배하는 세계로 가고 있을 보여 주는 증거로 '신문의 죽음' '광고, 천 마디 말보다 한 장의 그림'

'일용품 디자인의 고급화' '시각 예술로서의 건축' '패션과 건축 그리고 예술,' '음악, 비디오, 영화' '사진의 역할 변화' '미술의 대중화' 를 들고 있다.

마지막으로 우리가 명심해야 할 것은 우리를 이끄는 것은 우리의 성공이 아니라 우리의 각성과 기쁨이며 그러한 각성과 기쁨이 있는 곳은 우리의 마음이라는 사실이다. 미래가 어떤 모습이든 각성과 기쁨이 없다면 우리의 삶과 성공과 번영은 아무런 가치도, 의미도 없을 것이다. 이 책은 우리에게 그중 하나인 각성을 하게 도와주는 최고의 책이 될 것이다.

에필로그 _ 책은 삶의 특권이며 최고의 사치이며 향락이다.

‘ 인생을 바꾸는 것은 재능이 아니라 독서이다. ’

빌 게이츠, 워렌 버핏, 오프라 윈프리, 스티브 잡스, 손 정의, 조지 소로스, 마오쩌둥, 존 스튜어트 밀, 세종 대왕, 나폴레옹 의 공통점은 독서가 그들의 삶을 도약시켜 놓았다는 것이다.

이들은 모두 남들보다 훨씬 더 많은 독서를 한 사람들이다. 그리고 그 결과 평범한 사람들보다 훨씬 더 많은 업적을 달성해 낸 사람들이다.

모든 성공은 자기 자신에게서 비롯된다. 그리고 그 자신은 자기가 읽은 것에 의해서 완성된다. 결국 모든 성공은 자신이 읽은 것을 통해 비롯되는 것이다.

독서를 한다는 것은 삶의 특권이다.

독서만큼 경제적인 것은 없기 때문이다. 독서만큼 쉽고 편하면서 최대의 효과를 가져다주는 것은 없기 때문이다. 독서만큼 우리에게 많은 생각의 재료를 주는 것은 없다. 독서만큼 우리의 삶을 풍요롭게 해 주고 윤택하게 해 주는 것은 없기 때문이다. 독서만큼 우리 자신을 도약하게 해 주는 것도 이 세상에는 없기 때문이다. 독서만큼 이 세상을 통찰할 수 있는 안목을 제공해 주는 것도 없기 때문이다. 독서만큼 우리에게 기쁨과 위안을 주는 것은 없기 때문이다.

누군가 만들어놓은 길을 가는 것은 쉽다. 하지만 그 길은 망하는 길이다. 아무도 만들어 놓지 않은 새로운 길을 우리는 가야 한다. 하지만 그 길은 매우 힘들고 어렵다. 그래서 독서가 필요한 것이다. 많은 책을 통해 우리는 의식과 사고를 도약시켜야 하고, 그 결과 자신만의 새로운 길을 개척할 수 있다. 그리고 그 길은 성공하고 번영하는 길이 되는 것이다.

우리를 최고의 자리로 이끄는 것은 무조건 열심히 일하는 것이 아니다. 우리를 최고의 자리로 이끄는 것을 자신에게 가장 맞는 올바른 일을 선택하고, 그 일을 가장 현명하고 효율적으로 하는 것에서 비롯된다. 이러한 올바른 일과 올바른 방법을 발견하고 찾아내기 위해서 우리에게 필요한 것은 바로 독서이다. 독서를 통해 우리를 찾을 수 있고, 세상을 내다볼 수 있게 되기 때문이다.

독서를 한다는 것은 최고의 사치이며, 향락이다.

이 세상에서 독서만큼 우리에게 중독을 일으키

는 것도 없다. 독서의 맛을 제대로 경험한 사람들은 자신의 아내를 팔아서 책을 사고, 자신의 집을 팔아서 책을 산다. 독서에 한 번 제대로 중독된 사람은 밥을 먹으면서도 책을 손에서 놓을 수 없고, 다니던 직장을 포기하고서라도 책을 읽어야만 한다. 독서에 중독된 사람들은 먹을 쌀이 없어도 돈이 생기기만 하면 밥을 사 먹는 것이 아니라 책을 산다. 이것이 바로 책의 중독성이다.

책이 이렇게 중독성이 강한 이유는 무엇일까? 그것은 바로 책은 최고의 사치이며 향락이기 때문이다. 과거에는 책을 읽을 수 있었던 신분은 왕이나 귀족이나 선비였다. 이들은 모두 선택받고 축복받은 계층이었다. 과거 한 때에는 책을 읽는 것이 금지되었고, 몇몇 특권을 부여 받은 사람만이 책을 읽을 수 있기도 했다.

많은 사람이 독서를 하지 않는 이유는 독서의 맛을 제대로 경험해 보지 못했기 때문이다. 하지만 어떤 사람이라도 독서의 맛을 제대로 한

번이라도 경험하게 되면, 그다음부터는 절대 독서의 중독에서 빠져나올 수가 없게 된다. 결국 평생 독서를 하는 삶을 살아가야 하게 되는 것이다.

필자가 백수와 전업 남편에서 작가가 될 수 있었던 것은 엄청난 양의 독서를 집중적으로 했기 때문이다. 즉 필자의 모든 경쟁력의 대부분은 3년 동안 독서에 집중적으로 투자한 노력의 결과물이라고 할 수 있다. 그래서 필자는 독서의 위력에 대해서 거의 신앙에 가까운 확신을 갖고 있다. 필자에게 새로운 인생을 열어 준 것은 다름 아닌 독서였다. 독서를 하지 않았다면 필자는 지금도 백수였을 것이고, 전업 남편으로 집안일에 매여 사는 남자였을 것이다.

독서는 삶의 최고의 특권이며, 우리가 누릴 수 있는 향락이며, 최고의 사치라고 말하는 이유가 바로 이것이다.

인생에 지쳐 길을 잃고 방황할 때 우리가 할 수

있는 최고의 선택은 또한 독서이다. 책 속에 우리의 길이 있고, 우리의 힘이 있고, 우리의 미래가 있고, 우리의 사유가 있다. 인생을 살다 보면 결정적인 순간을 맞이하게 된다. 바로 그 때 우리가 상황에 잘 들어맞는 책을 읽을 수 있다면 그것보다 더 유익한 것도 이 세상에 없을 것이다.

이 책이 많은 사람에게 유익한 지침서가 되어주는 이유 중 하나는 독서하는 방법을 제대로 알고 있는 사람들이 그렇게 많지 않다는 것이다. 평생 책을 읽었고, 심지어 책을 쓴 위대한 작가이기도 한 괴테는 이런 의미심장한 말을 남긴 적이 있다.

“ 나는 독서하는 방법을 배우기 위해서 80년이라는 세월을 바쳤는데도 아직까지 그것을 다 배웠다고 말할 수 없다.”

이처럼 독서라는 것은 우리가 생각하는 것만큼 저절로 되는 것이 아니다. 특히 좋은 책은 선택하는 방법을 배우는 것은 더더욱 어려운 기술이라고 할 수 있다. 그런 점에서 이 책은 매우 유익한 책이 될 것이다.

이 책을 통해 우리는 삶의 결정적 순간을 최고의 순간으로 만들 수 있다. 이것이 이 책의 가장 큰 유익함이다. 이 책을 통해 눈부신 미래를 펼쳐 나가기를 기원한다.

판권

초판 인쇄: 2025년 12월 20일
초판 발행: 2025년 12월 20일

펴낸이: 김병완
펴낸곳: (주) 플랫폼연구소

출판등록: 제 2020-000075호

이메일: pflab2020@naver.com

주소:서울시 강남구 삼성동 116 백우빌딩 402호

ISBN 979-11-24195-29-1(03190)